풀꽃 물레옷

임명수 · 이정자

경춘사

풀꽃 물레옷

지은이 임명수 · 이정자
발행인 안중기
발행처 도서출판 경춘사
등록번호 제10-153(1987. 11. 28)

인쇄 2018년 7월 20일
발행 2018년 8월 1일

서울시 마포구 마포대로 14길 31-9
경춘빌딩 101호

전화 (02)716-2502, 714-5246
팩스 (02)704-0688
www.kcpub.co.kr

값 **13,000**원

ISBN 89-5895-171-1 03590

책머리에

어머니는 부자집 막내딸로 전쟁 때 외할아버지가 돌아가신뒤 가난한 장손인 아버지에게 시집오면서 고생이 시작되어 제사와 시모 봉양과 시동생들 뒷바라지에 자식들 키우고 친척과 이웃에게 많은 것을 베풀며 사셨다. 받지는 못하고 주기만하는 삶, 어머니처럼 살지않겠다고 몰아부쳤던 내가 그때 어머니 나이가 되어서야 깨닫게 되었다. 천 물들여 옷 만들고 수놓는 것을 가르치는 삶보다 훨씬 값지고 빛난 어머니의 희생과 사랑으로 지금의 내가 있고 가족과 사회와 나라가 있다는 것을… .

무명처럼 이름없이 사신 어머니를 통해 더 큰 주님의 사랑을 알게 해 주심에 감사하며 어머니같이 온몸으로 이 땅을 물들이고 수놓아 아름다운 삶을 살게 해주신 모든 어머니께 책을 바칩니다.

contents

c o n t e n t s

천연염색

01
자수

말아감기수

롤 스티치
Roll Stitch

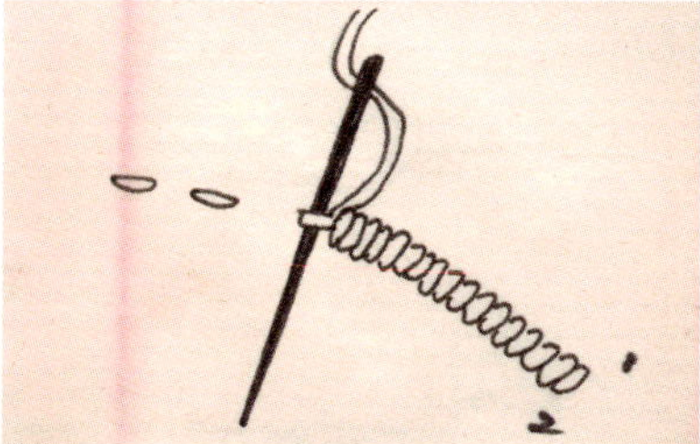

깃털수

페더 스티치
Feather Stitch

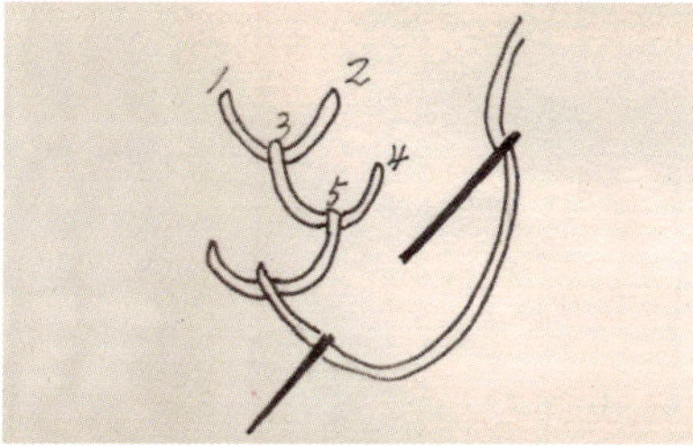

중심 징금수

루마니안 스티치
Rumanian Stitch

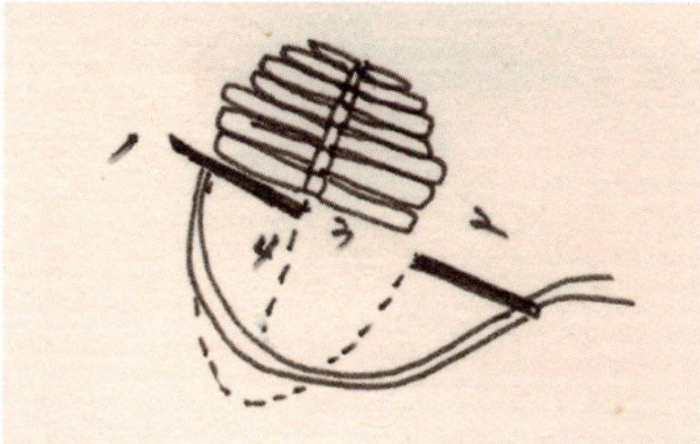

진정 아름다운 수

색실 끼운 바늘
천 찔러
예쁜 수 놓는 동안
세상에 찔리며
온 몸으로 더 예쁜 수
놓으신 어머니

서로 아픔주는
우리 대신 채찍 맞아
상처 봉합하는
진정 아름다운 수
놓으신 주님

홈질수

런닝 스티치
Running Stitch

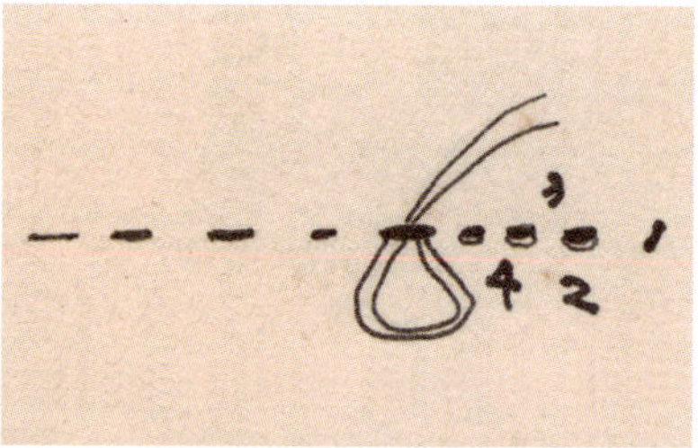

씨앗수

프렌치 넛 스티치
French knot Stitch

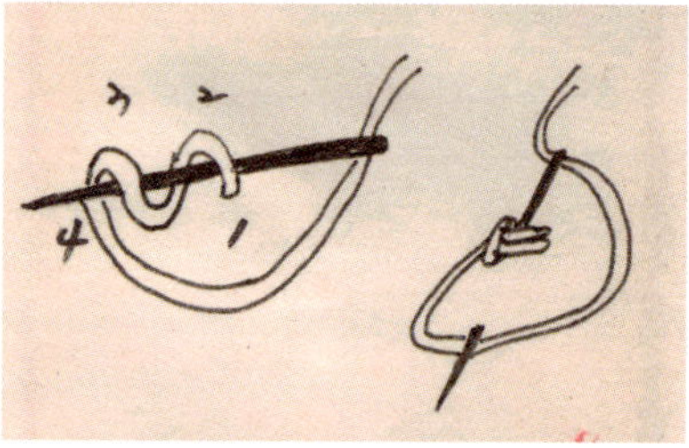

이중 깃털수

더블 페더 스티치
Double feather Stitch

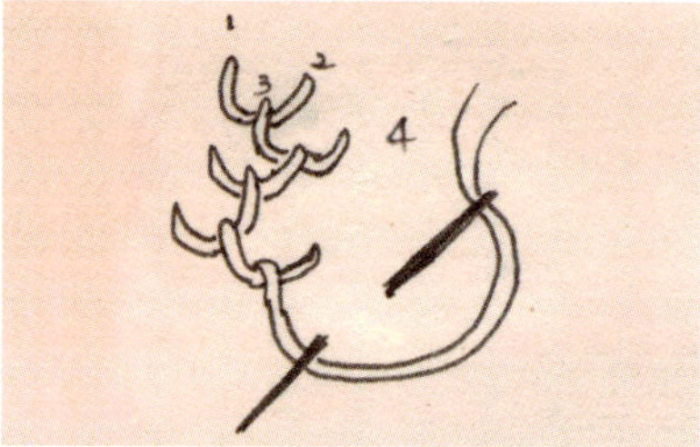

거제도

해산물과 구수한 보리밥
산나물, 텃밭 채소 무쳐
전쟁포로와 피난민 넉넉히 품고

섬깍아 조선소에 한 자락
아파트와 해안도로에 한 자락
전쟁 후 폐허에서
거친 세파에 깍여
모습은 변했지만

자식같이 본토 감싸안고
변함없이 그 자리에 있는
한려수도의 아름다운 시원
어머니 같은 큰 섬

징금 깃털수

샘 페더 스티치
Same feather Stitch

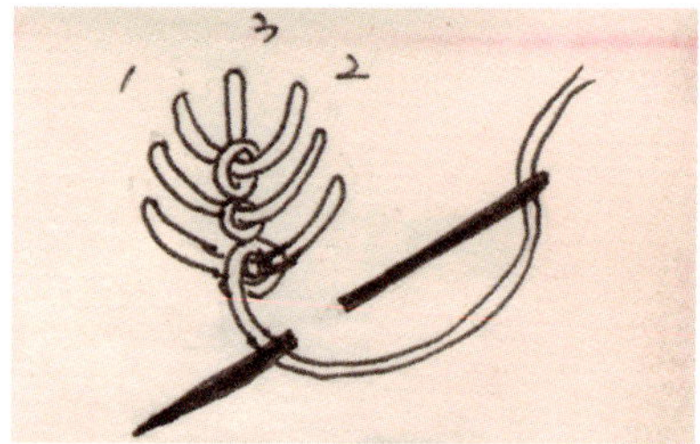

물빛수

씨랩 스티치
Sealap Stitch

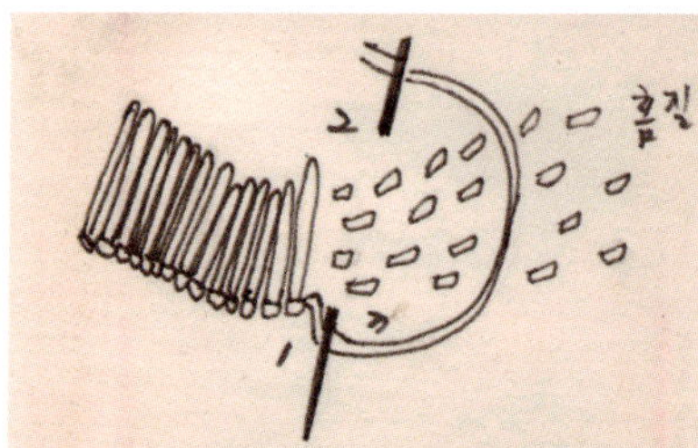

작은꽃수

레이지데이지 스티치
Lazgdaisg Stitch

오비재

아비지가 사주신 운동화 신고
친구들과 학교 가고
심부름 하고

봄이면 진달래 화전
맛있다 칭찬하시던 아버지
전쟁때 넘어오지 못한 재

신랑따라 시집가던 코스모스길
첫아이 몸풀러 넘던 재

어머니 돌아가셔서 한번 갔다
인생고비 넘느라 못 가고
죽을 고비 못 넘기면
묻히고 싶은 친정마을 재

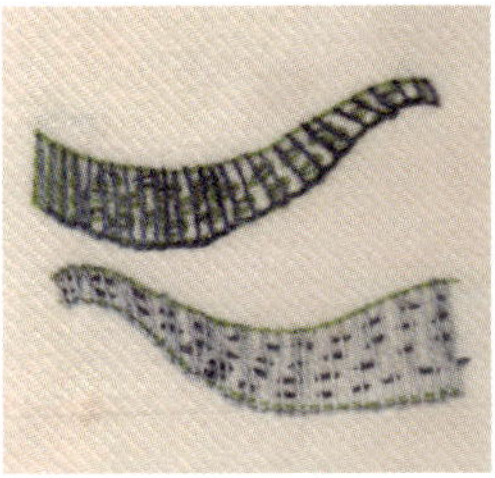

덧단대기수

블랭킷 스티치
Blanket Stitch

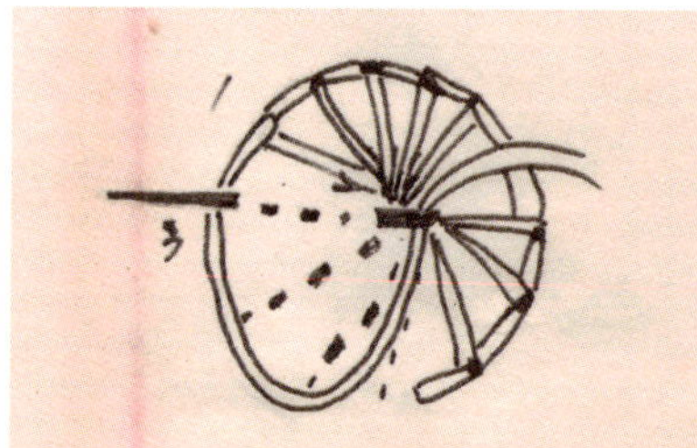

사슬 깃털수

체인 페더 스티치
Chain feather Stitch

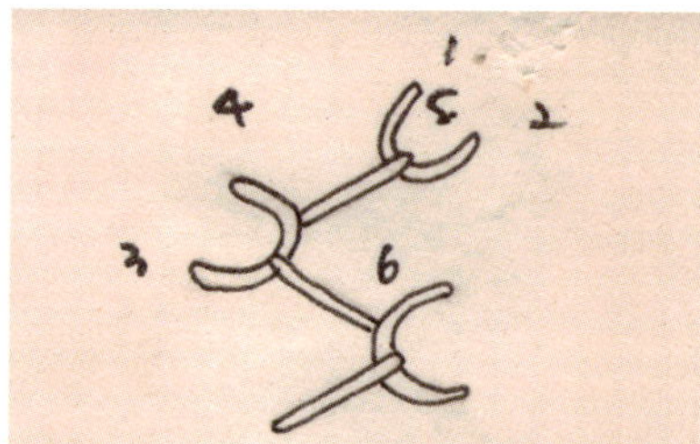

덩물장미수

블리온 로즈 스티치
Bullion rose Stitch;

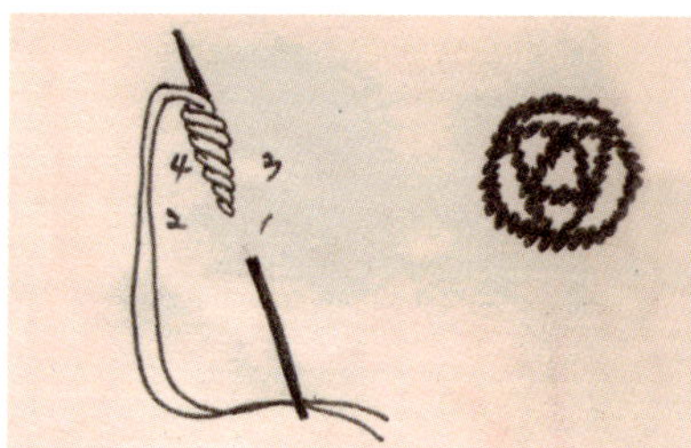

추억 담는 집

넓어 말린 대구, 해삼도 지천
평상밑 멍게 발에 채이는
풍요롭던 바닷가 친정집

집 앞 개울에서 빨래하고
열식구 밥해 먹으면 하루가 지고
부엉이 우는 소리 들리던 시집

아이들 웃음소리 들리는 마당에서
나무랑 꽃이랑 커가는 모습 보고
청용열차 소리 '와~' 들리던 이층 집

늦었지만 마음에 지어야 할
주님 추억 가득 담은 집

사슬수

체인 스티치
Chain Stitch

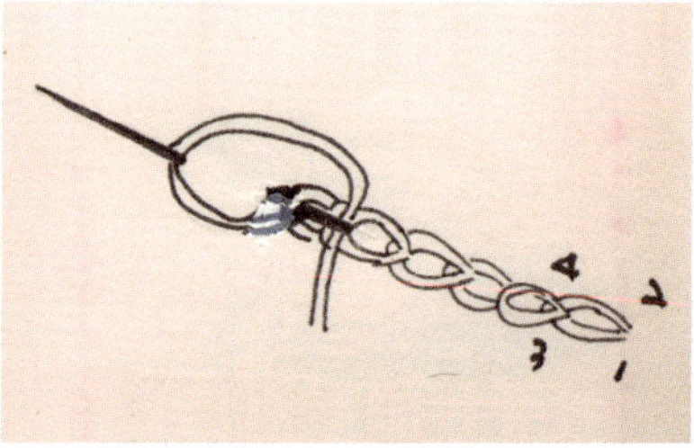

벌집수

허니콤 스티치
Honey comb Stitch

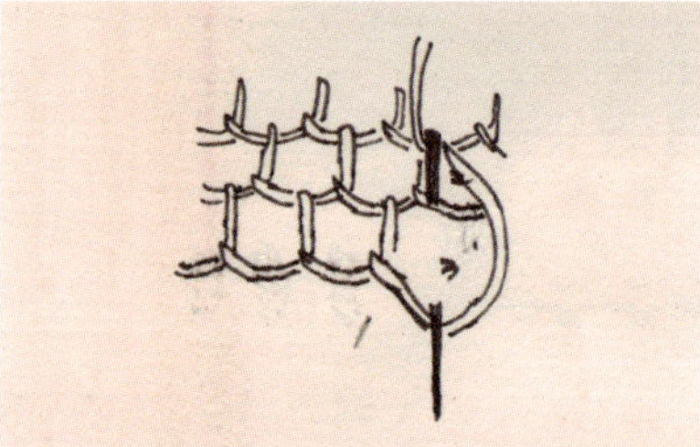

바퀴살수

스포크 스티치
Spoke Stitch

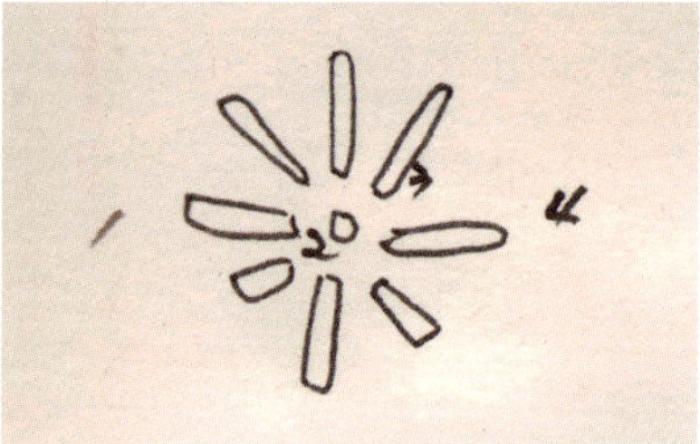

첫사랑 값

부모님이 정해준 신랑따라
진해와 마산거쳐 서울
박봉모아 시동생 학비
집팔면 시누이 결혼자금
해군 그만두고 사업하다 실패해
아이들 도시락 싸고 일하러
새벽길 걸어서 건넌 잠실대교

살다 지쳐 보따리 싸면
자식들 밟혀 가지 못하고
첫사랑 값 치르느라 운 적 있지만

목숨으로 치른 주님보다 낫지 않소

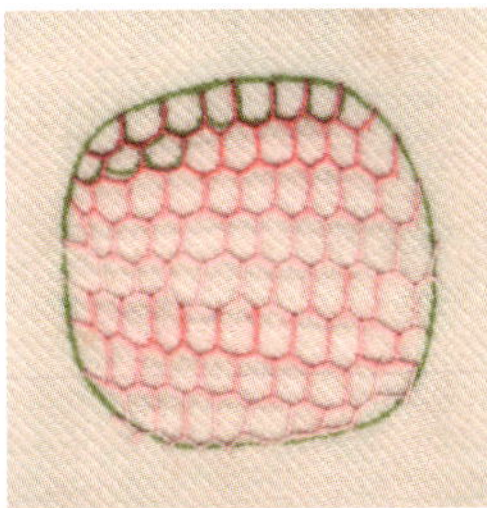

씨날 징금수

코우치 필링 스티치
Couched filling Stitch

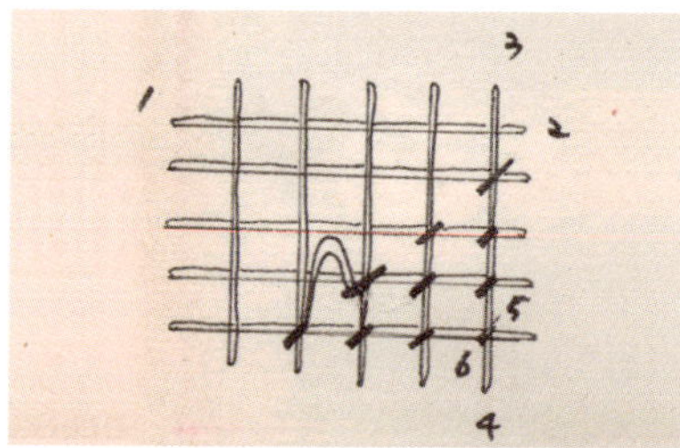

평수

새틴 스티치
Satin Stitch

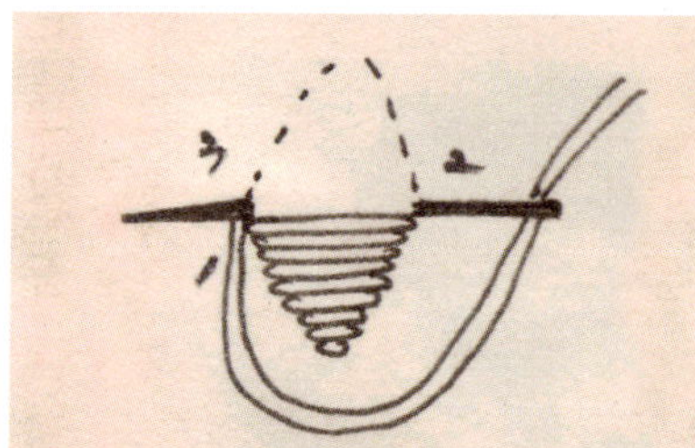

그림자수

쉐도우 스티치
Shadow Stitch

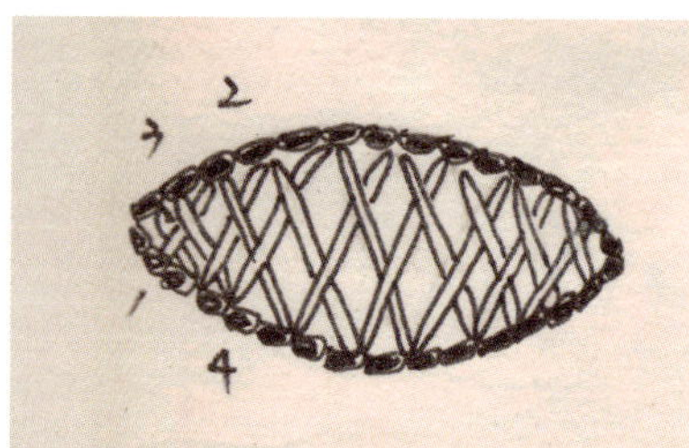

논고동

가을 추수 끝 논고동으로
된장국 끓여먹고 배가 불러 둥둥둥

봄이면 물댄 논에
새끼에게 살 먹이고
어미는 껍질만 남아 둥둥둥

친정에서 보리고개 모르다
가난한 시집와 부지런히 동동동

못 해준게 많아 가슴 아프고
자식에게 짐될까
재촉하는 걸음 동동동

열린 사슬수

오픈 체인 스티치
Open chain Stitch

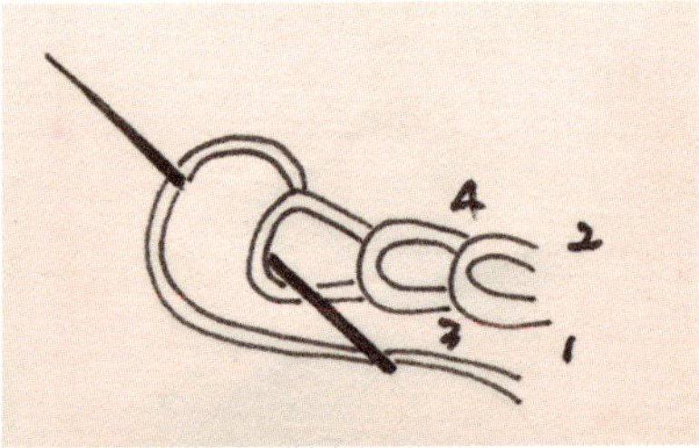

주름장미수

라멜라 로즈 스티치
Ramella rose Stitch

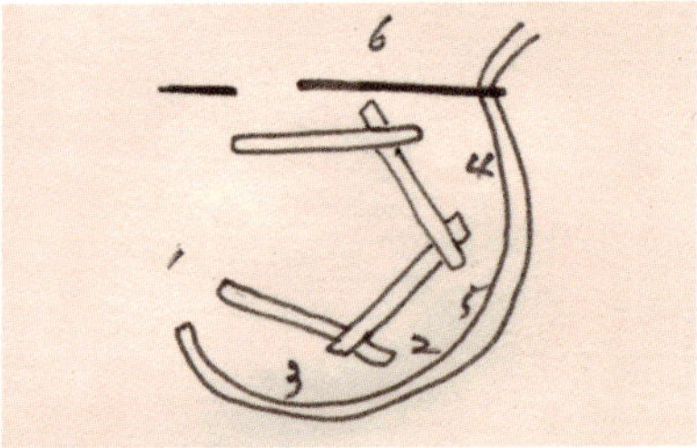

징금수

코우칭 스티치
Couching Stitch

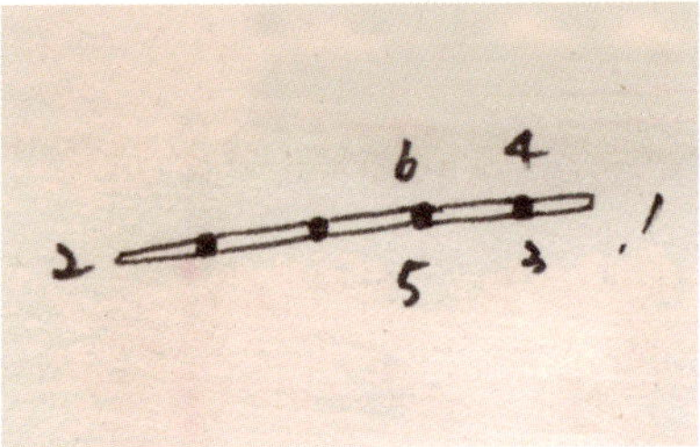

낸중에 낸중에

시집와서 살림장만
맛있는 음식
좋은 옷도 꽃 구경도
거둘사람 많아
낸중으로 미루다보니
있는 것도 버려야 하는 나이

눈 깜짝할 인생 낸중으로 미루다
에미처럼 살지 말고
하고 싶은 것 그때 하고
본향 집 내 먼저 가 있을테니
선한 일 많이 하다
낸중에 낸중에 오이라

바구니수

바스켓 스티치

Basket Stitch

도련수

햄 스티치

Ham Stitch

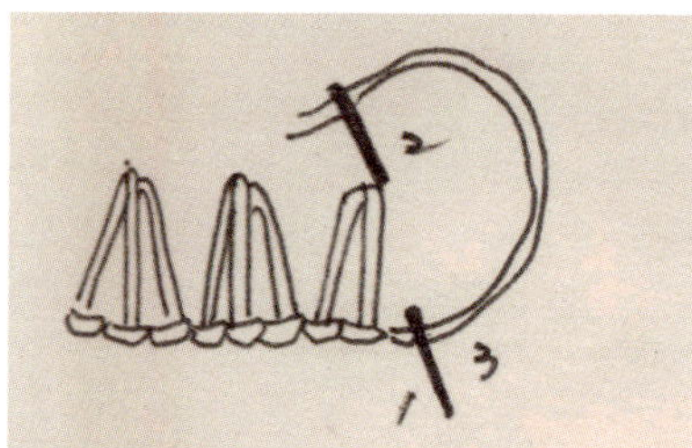

이음수

아웃트라인 스티치

Outline Stitch

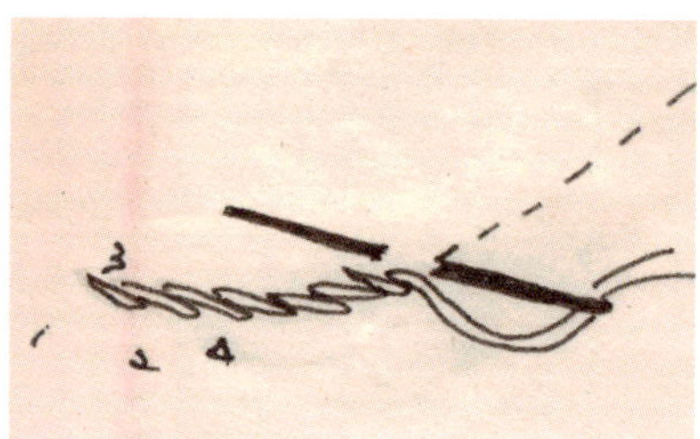

신의 선물 찾아낸 지혜

콩 불려 장 담가 단백질 먹고
콩 씻은 물 무명 담가
단백질 먹이면 물이 잘 들고

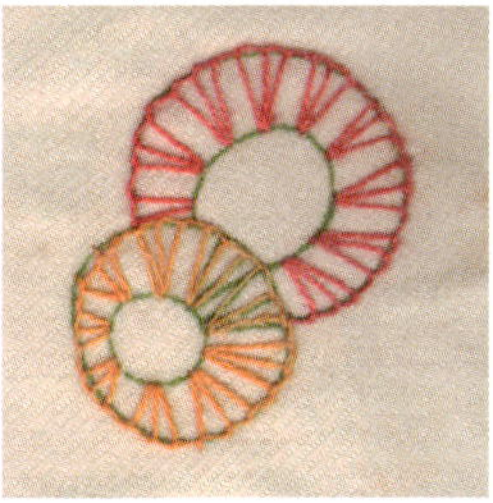

메주콩 넣은 양말 신고
따뜻한 아랫목에 두면
발 얼음이 빠지고

양파, 밤, 호두, 포도, 나무
껍질 말려 염색재료 찌꺼기는
퇴비사용 쓰레기 나오지 않는

오래도록 이어지고 새로움 더해
신의 선물 찾아 낸 지혜

갈지자 사슬수

지그재그 체인 스티치
Zigzag chain Stitch

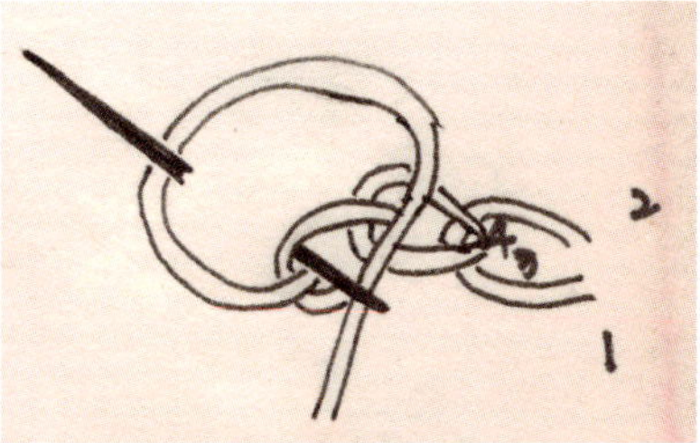

물결수

스크롤 스티치
Scroll Stitch

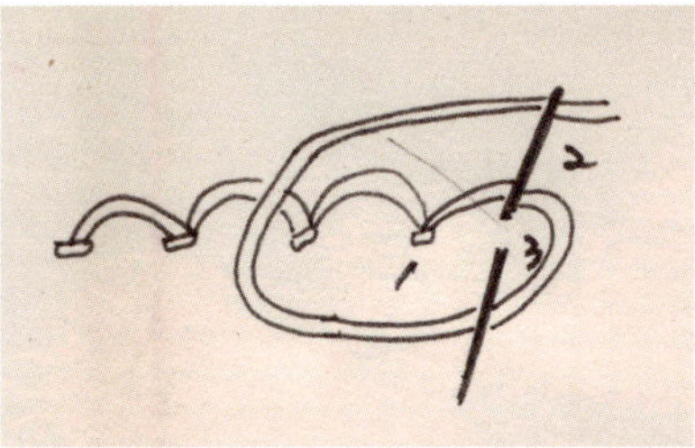

실채기수

차이니즈 스티치
Chinese Stitch

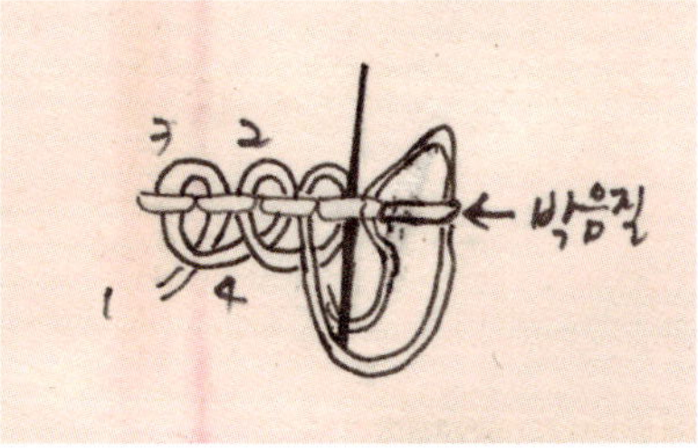

어머니의 시

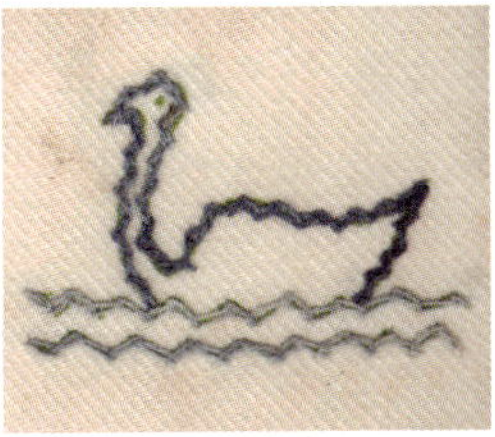

친정집 앞
노을 진 바다보다
에미가 되니
자식이 더 아름다웠고

종가집 맏며느리 십자가
주님 보다 우상 섬기며
가난 물려주지 않으려
애증으로 살았던 부모

자식에게 남길 유산
삶이 힘들때
기댈 수 있는
주님의 나무 십자가

공수

저먼 넛 스티치
German knot Stitch

꼰 홈질수

트위스트 런닝 스티치
Twisted running Stitch

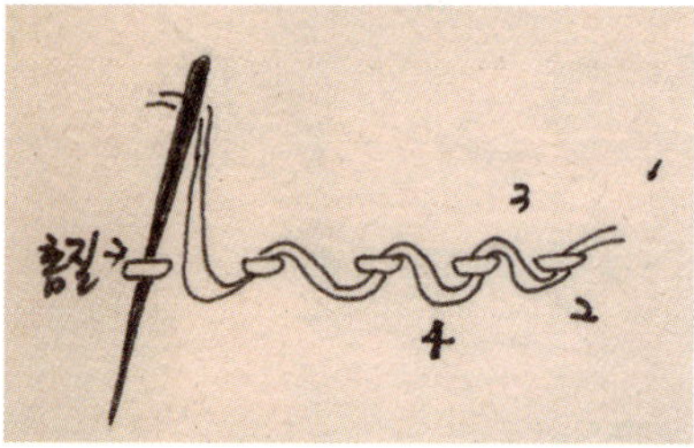

짜깁기수

다닝 스티치
Darning Stitch

딸이 쓰는 편지

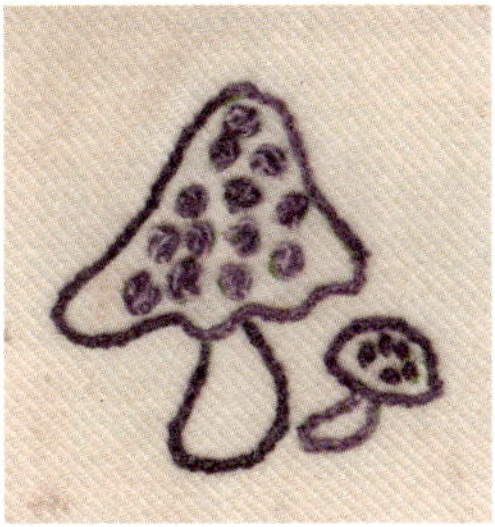

쓰러진 촛불 세워 살리려
온몸으로 막아 보았지만
촛농에 겨우 의지해 살아계신
어머니는 점점 사그라지신다

어머니 병 수발 20년
주님 거울 비추자
부모 마음 아프게 한 죄인 일뿐

이 세상 어떤 자리보다
천국자리 허락하여 주소서
부모에게 죄인인 자식은
그래야만 어머니를
떠나 보낼 수 있습니다

꽃수

페탈 스티치
Petal Stitch

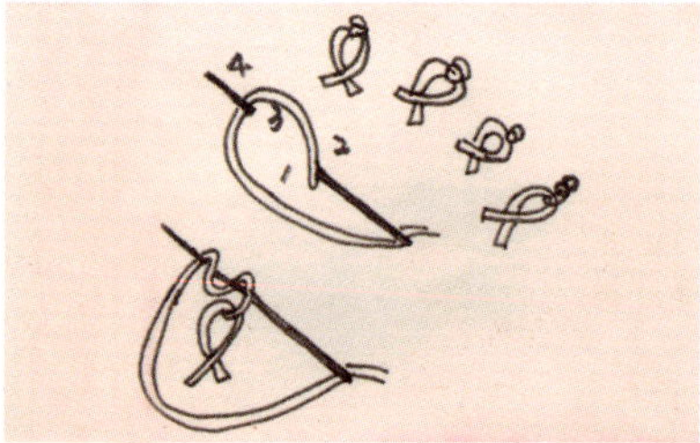

온박음질수

백 스티치
Back Stitch

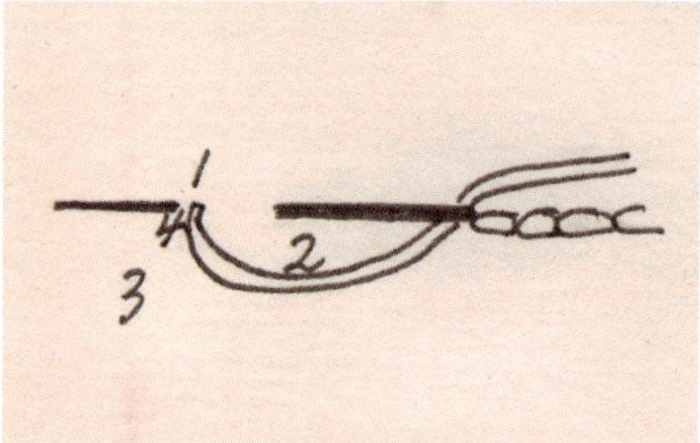

이중십자수

더블 클로스 스티치
Double cross Stitch

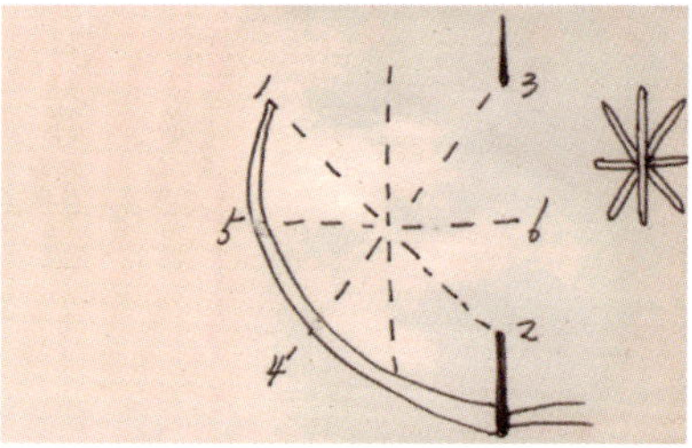

그 여름이 떠난 자리

코스모스 바람에 날려
스산한 내맘 아는지
오라고 손짓 하네

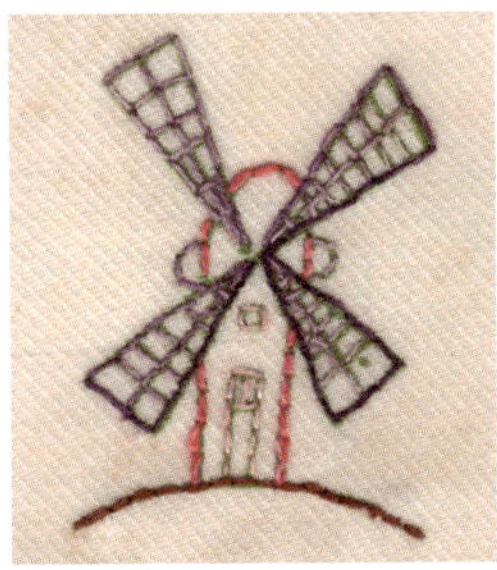

꽃잎 따 손톱에 붙이고
코스모스 꽃길 사이로
팔 벌려 훨훨 걸어가다
들국화 향기 나는 바람에 이끌려
나비되어 날아 가네

갈 여름 속 폭풍치는 세상 붙잡는
내맘 위로하려고 주님은
가을 꽃 보내 주셨네

자련수

롱 앤 숏 스티치
Long and Short Stitch

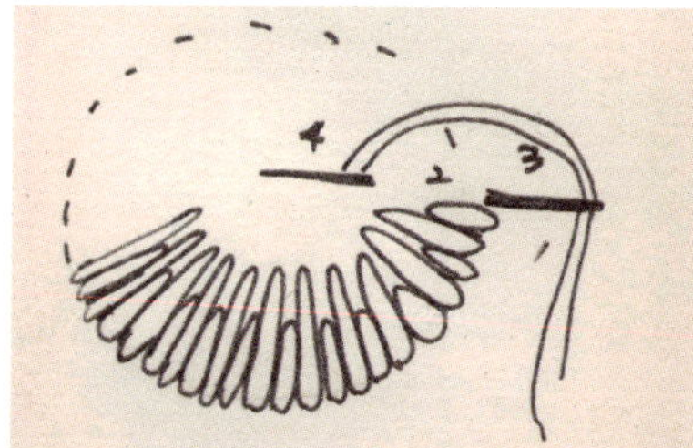

잎수

맆 스티치
Leaf Stitch

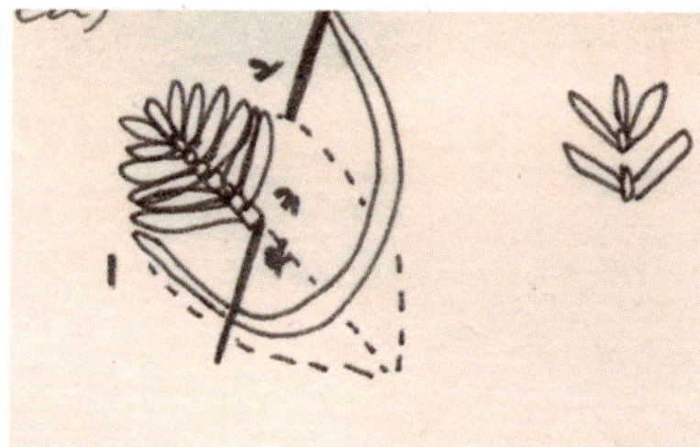

실걸기 홈질수

쓰레디드 런닝 스티치
Threaded running Stitch

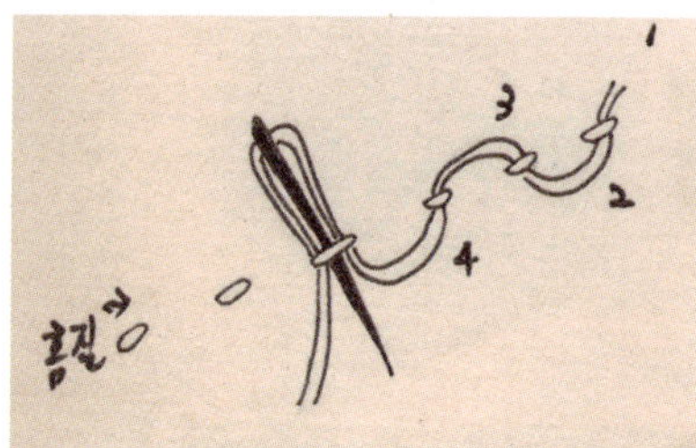

소나무 숲 아래

까아악
학교버스 기다리던 소나무 밑
교복에 떨어진 송충이 떨어내려
얼굴 빨개져 뛰던 친구들

연꽃이 소담스럽게 핀 연못가
채송화 봉숭아 옆 부끄럼쟁이 미모사
산딸기 따먹으며 재잘거리며 걷던
은행나무 마주한 오솔길

소나무 숲 벤치에서 시 읽으면
풀벌레 새소리 운율 넣고
칠면조 소리에 졸음 쫓다
들키면 송충이 잡던 야외수업

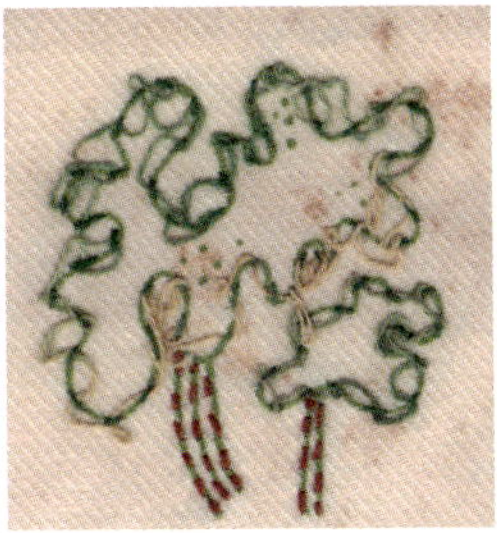

홈질 번수

홀베인 스티치
Holbein Stitch

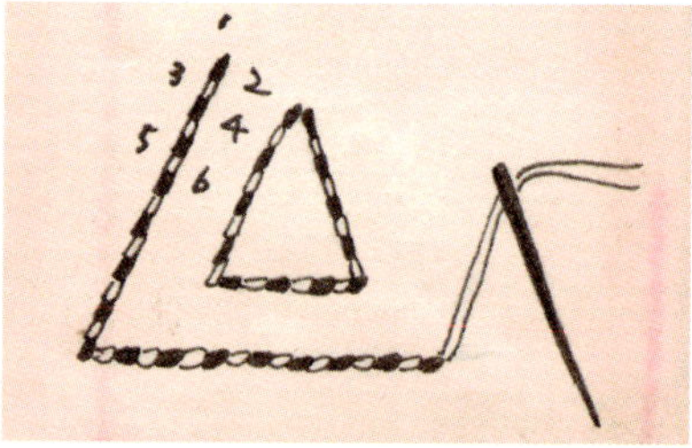

밀꽃수

밀플라워 스티치
Mill flower Stitch

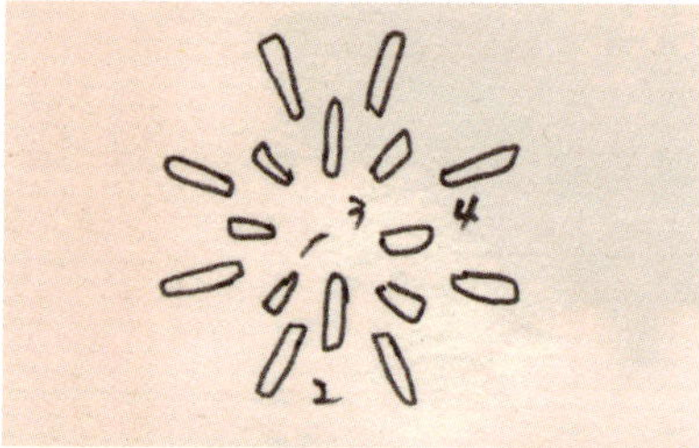

새날수

플라이 스티치
Fly Stitch

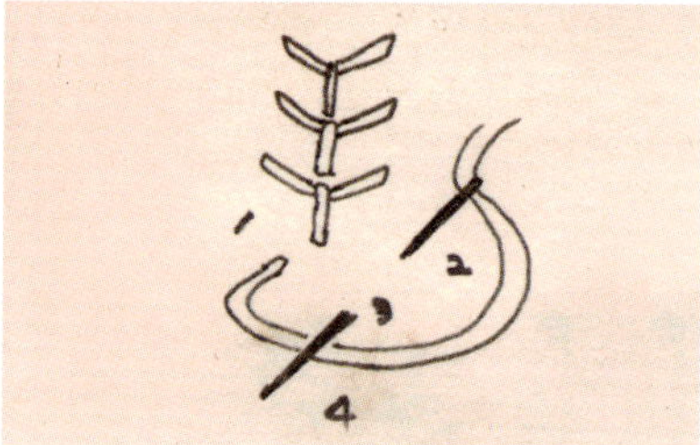

사춘기

첫사랑, 가슴 뛰는 떨림
혼돈되는 가치
어찌할 수 없는 반항

일상 뒤집어 보는
예민한 감수성
밝음이 어둠보다
영악해 보여
순수를 버리는 고통

현상과 진리의 갈등
변화 받아들일 때까지
아지랑이 피는 봄빛의 굴절
겪고 나면 신앙이 성숙

가름수

피시본 스티치
Fish bone Stitch

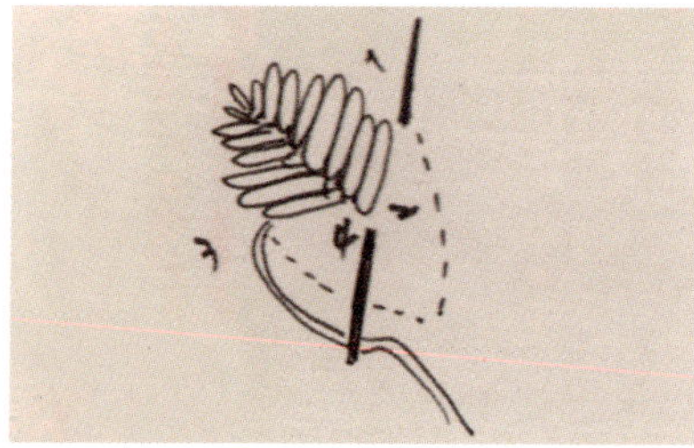

꼰 사슬수

트위스트 체인 스티치
Twist chain Stitch

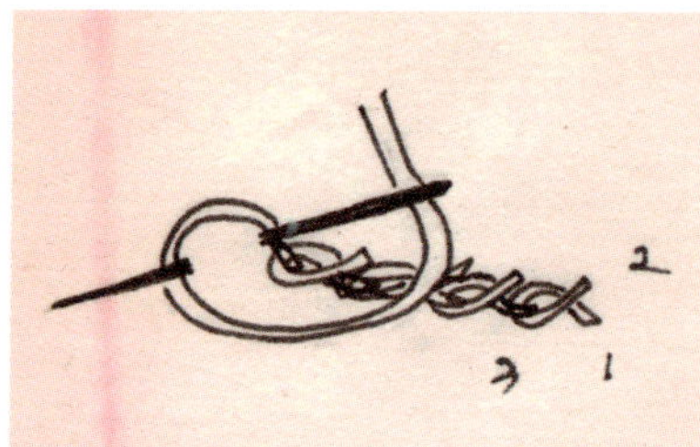

묶음수

쉬프필링 스티치
Sheaf filling Stitch

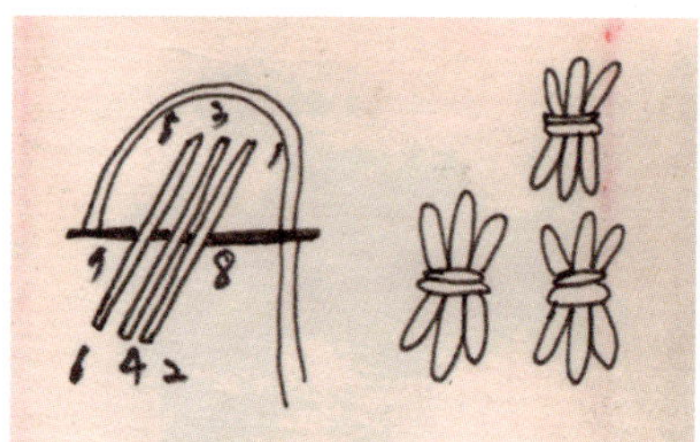

돋을새김

망막색소 변성, 허리뼈 골절
뇌하수체 종양 수술로 마주한 죽음

내가 좋아하는 일 하며
법 잘 지키고, 세금 꼬박꼬박 내고
도덕에 위배되는 일 안하고
죄지은 사람 미워하고
죄인 아닌게 당연하다
여겼던 부끄러운 돋을새김

미로같은 인생길 헤매다
원망하고 등돌려 떠난 나에게
이웃을 용서하고 사랑하라
살려주신 주님 은혜 심비에 새김

거미줄수

위빙 스티치
Weaving Stitch

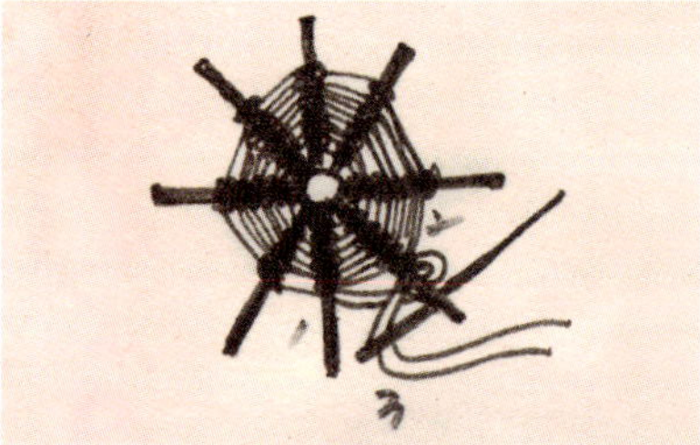

꽃잎수

페른 스티치
Fern Stitch

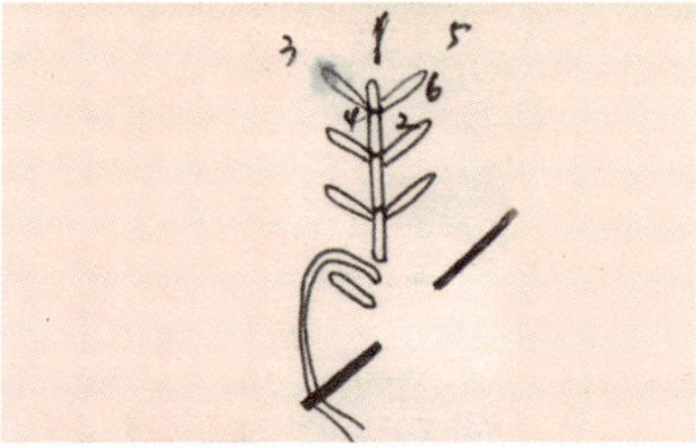

이중 사슬수

더블 체인 스티치
Double chain Stitch

실 바늘에 꿰어

잉아에 날실 걸고
씨실 감은 북
아라크네 직조보다 뛰어나게
베틀에 짜낸 천

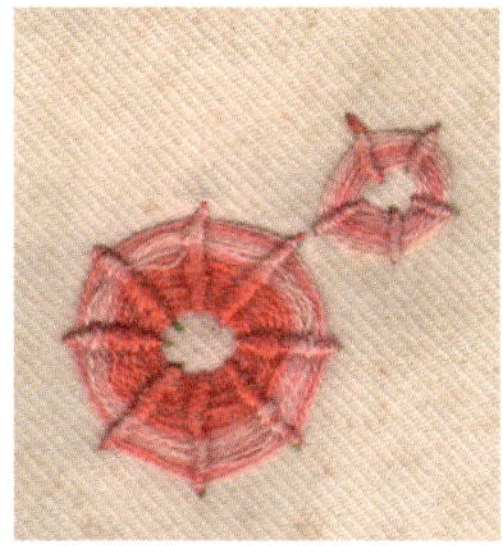

인물화 풍속화로는 보이지 않아
보석같은 유물에서 캐낸
온당침, 홈질, 감침질, 공그르기
수 놓듯 지은 공교한 바느질

하늘에서 지상으로 이어진
실 바늘에 꿰어 수 천년 전부터
모든 과정 정성 다해
손바느질로 만든 우리 옷

깨진 사슬수

브로큰 스티치
Broken chain Stitch

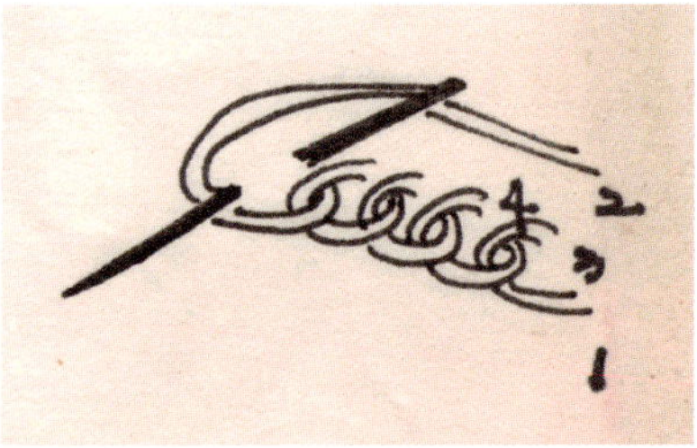

단추구멍 수

버튼홀 스티치
Button hole Stitch

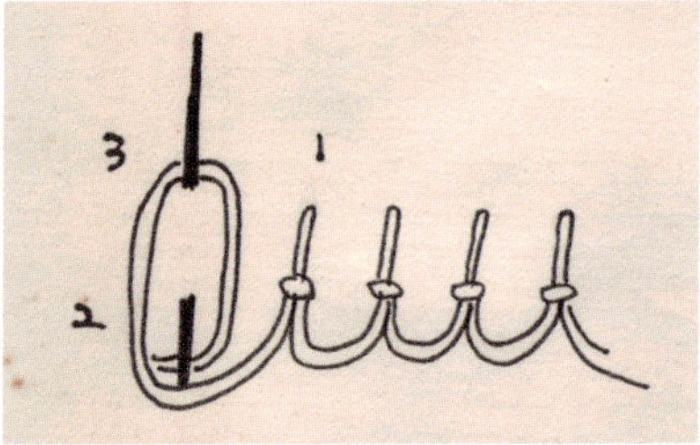

새발뜨기 수

헤링본 스티치
Herring bone Stitch

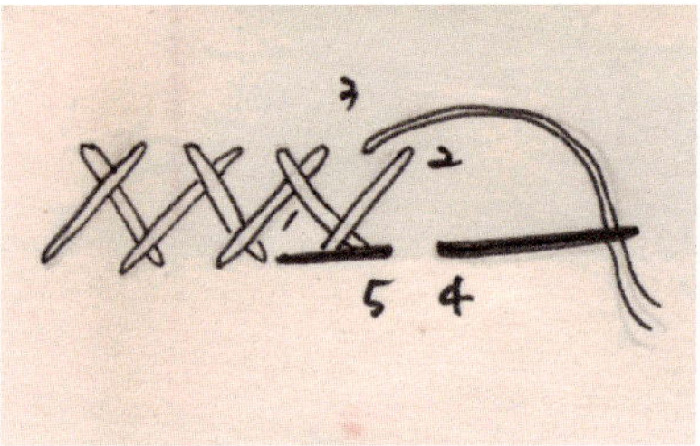

부메랑 소리

천국 문을
날마다 두드렸다

그곳에 있는
감사와 기쁨
사랑과 용서
죄사함 받은 생명보다

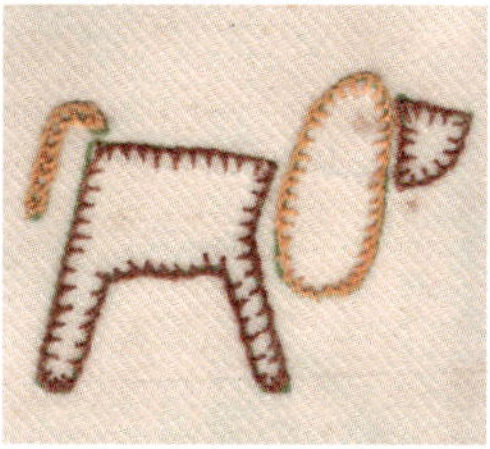

건강과 물질
권력과 명예
세상 것만 구한
내 마음을 두드리셨다

가리개

불교의 나라 고려
귀족문화 청자는 하늘의 색
유교의 나라 조선
서민문화 백자는 유백색
하늘에 순종한 언약 백성

전통 문화위에 박해와 순교의
기독신앙은 우리 보호하는 가림막

소돔과 고모라 같은 문화는
수직강하 하는 매같이
순수한 열정과 지혜롭고
강인함으로 지켜낸
청자 백자와
가정과 신앙 깨서
정체성을 잃는 일

02
우리 옷

우리 옷에 스민 미향

천연염색 고운 색상
천 절약하는 마름질
겹옷은 손잡고 앞 마주보는 만남
평면구성 형태 잡는 올곧음
바느질에 마음 다한 심미

우리 옷에 부는 바람막이 겉깃
아버지 닮은 붉은 진달래꽃
단아함 지킨 안깃
어머니 같은 눈부신 흰꽃

우리 삶 함께 한 옷에 스민
미향 은은히 배어나온다

Bae-nae-jeo-go-ri

Newborn baby's first clothes

어머니 배속에서 하는 배냇 짓
어미와 자식 잇는 탯줄 같은 실띠 고름
꿰매 태어나 처음 입는 갓난아이 옷

배냇저고리

산고 끝에 낳은
살과 피 준 아이
배냇저고리 꿰매 준 어머니

물과 피를 다 쏟는
십자가 산통으로
낳은 자식 위해

기도의 실띠 고름
용서와 사랑으로 엮어
예복 꿰매 주시고

믿는 자에게
영원한 생명 주신 주님

Saek-ddong

Pattern sew fabrics of multicolor

버리는 조각도 소중해 예쁘게 이어 붙여
지구가 태양 한바퀴 돌때까지 산 아이 돌복
상보, 이불보, 무지개 보자기 만들어 사용

색동

수산리 고분벽화
색동치마와
어린 돌복의
시간 공존

무지개 보자기
유한한 생명은
슬프도록 아름다운 삶

땅과 하늘 잇는 무지개
우리 버리지 않는다는
주님이 주신 언약 반지

風遮(借)把持, Pungcha-baji

Children's opening pants from ccroch to center back borrowed the wind

바람 통하게 밑 터서
오줌 가릴 때까지 짓무르지 않게
뒤로 여며 입는 어린아이 바지

풍차바지

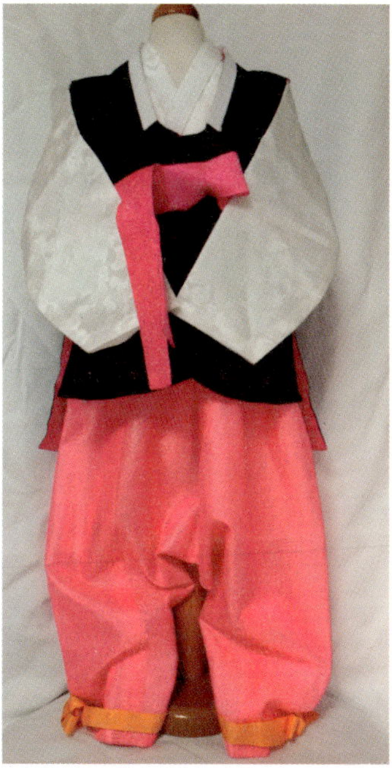

5살까지 아이들 입혀
건강하게 자라
딸에게 알려주는

바느질 솜씨보다
지구 공전 자전 시킨
창조주 지혜로 부는 바람

바지 밑 터 용변보고
뒤 마루폭에 사폭대신
풍차 붙여 환기시킨
주님 지혜 본뜬 솜씨

五方長, O-bang-jang

Children's coat with five colored

연두 길에 다홍 소매 노랑겉섶 분홍안섶
자색 무에 깃 고름, 끝동 남색이면 남아
남색 무에 깃 고름, 끝동 자색이면 여아
돌띠 매어 돌복에서 5세까지 입는 옷

오방장

아이 셋을 잃고
무병장수 바라
목숨 지키라는 이름
지어주신 부모님

다섯가지 색상
나쁜 기운 몰아내
1년 살고

회갑 때
부모 앞에서
다시 입는
장수 두루마기

四揆衫, Sa-gue-sam

Boy's celemonial robe

연두색 몸판 검정색 쌍 깃
두리소매 단 도련 가장자리 단
충과 효, 예의돠 법도
문자 금박 찍어 입는 옷

사규삼

어린 장손 손자
유학 가르쳐
제사 참여시킨
시조부님

아들이 사방 다
헤아려 아는
성년 되기 바라
지어 입힌 옷

裳, Chi-ma

Gathered skirt with lap or barrel

일자말기 풀치마 허리에 돌려 맨 삼국
저고리위에 입은 신라귀족
고려까지 바지위에 예와 방한 치마
서양 벗슬에 앞선 거들치마
가슴가리개 맨 풍속화
청자항아리 미인도 치마

치마

경상도에서 오른쪽 여밈
서울오니 왼쪽
기생과 천민은 오른쪽

당색 따라 달리 입는
일자 말기 풀치마

선교사가 가르쳐 준
조끼말기 통치마로
겉, 안자락 연합하는데
그리 오랜 기다림

Sokgot

Woman's underwear

여자 외출복 보다 속옷이 발달한 조선
실용과 건강 위해 밑을 겹치게 해 터서 입은 속옷

속곳

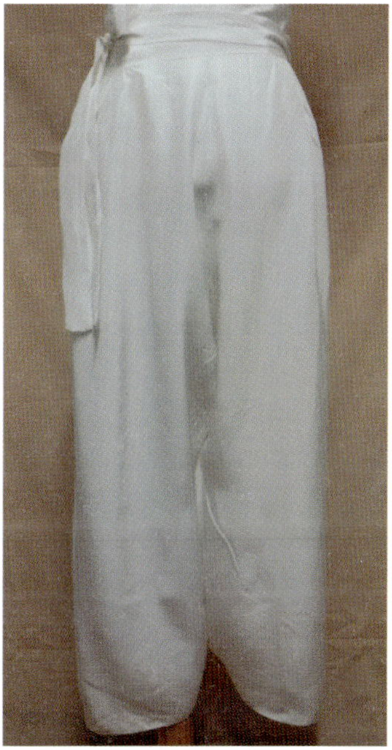

처용무 추던 남편
조선 사대부 되어
다리속곳, 속속곳, 단속곳,
너른바지, 대슘, 무지기,
내상과 외상 입히자

칠거지악보다 무거운
속곳 터서 아궁이 앞에서
불 때고 부엌 일하여
속병없이 가볍게 입은 옷

無竹伊, Mujigi

Multicolor tiered petticoat

여러 가지 색으로 물들여 모시에 층층으로 단 칠합
겉치마 풍성하게 부풀려 주는 혼인 속치마

무지기 치마

시집올 때 동네 염색 물집
전쟁통에 없어져
못 해온 치마

염색 시작 오염이듯
세상에 얼룩진 죄
주님께 회개하고
매달려 기도하면

순결한 신부로 삼아
데리러 오신다는
새로운 언약 무지개

Haeng-ju-chi-ma

Square apron worn over skirt

구황식물 끓여 보리 고개 넘고
다치면 찢어 붕대로 사용
치마 앞에 둘러 입고 일하던 옷

행주 치마

치마에 돌 날라
임진난 이긴 행주산성

사람보고 신앙 잃어
자녀 우상 된 문명이기
주님과 계약 할 수 없는 일

위기 넘긴 앞치마 입고
종파 분파 영분별

밥상에서 주님 사랑
전하면 자녀 생명
살리는 일

Sam-hoe-jang-jeo-go-ri

Woman's jacket decorate difference colored fabrics for the collar, cuffs, tie and underarms

깃 고름, 곁마기, 끝동을 다른 색으로 하는 삼회장
미혼은 노랑에 자주회장 초록에 자주회장은 관례베낌
내외 생존시 자주회장

삼회장 저고리

곁 지키는 남편과
해로하기 바라는
여인의 속마음
동정은 고운 분 화장
좋은날 입은 호장 저고리

손가락 마다 가락지 끼고
적장 안고 뛰어 든 남강
자색 삼회장 푸른 물들고

님 향한 붉은 속고름
논개의 단심 닮은
귀한 저고리

苧麻赤衫, Mo-si-jeok-sam

Summer jacket made translucent ramie

홑 저고리 적삼
찢어지기 쉬운 등과 겨드랑이에
바대 천 덧 대어 곱솔 바느질 한 옷

모시적삼

보일 듯 말듯
유백색 한산 세모시
홑으로 입으니

등바대와 곁바대 사이로
살짝 비치는 속살

올올이 맞춘 바느질
손대면 베일 듯 풀 먹여
뜨거운 여름 햇살
비껴가는 옷

唐衣, Dang-ui

Woman's semi-formal robe with separated side-line worn in Palace

당에서 명으로 이어진 한족 옷이 조선시대 다양한 형태로 변화 더러워지면 갈아주는 소매 거들지 달아 궁중에서 입은 소례복

당의

새로운 비단 라
얇고 고와 속이 비쳐
아무도 의심치 않은

도련은 부드러웠고
곁을 터 속 보이고
당초문양으로
즐거운 마음까지

여왕에게 당나라 옷 주고
금관 받아 내
삼국통일 이룬 김춘추
개화기까지 이어진 옷

半臂, Ban-bi

Woman's outfit with decorated pleats the end of short-sleeve

도련에 단 대고
반소매 끝에 프릴이나 주름 장식하여 입은
고려시대 여자 외출복

반비

주름으로 장식한 반소매
좌우 대칭 대금의
화려한 금사 넣은
가장 고운 려

반소매 장식
서역 프릴은
고려청자 손잡이

귀족의 옷
쾌자와 배자로
담백한 백자처럼
서민 옷으로 입은 조선

Jang-ot

Woman's coat for concealing face when going out

동정 밑에 액 받이
소매 끝에 거들지
겨드랑이 삼각무
쌍깃 밑 고름 턱밑에서 잡아 입는 옷

장옷

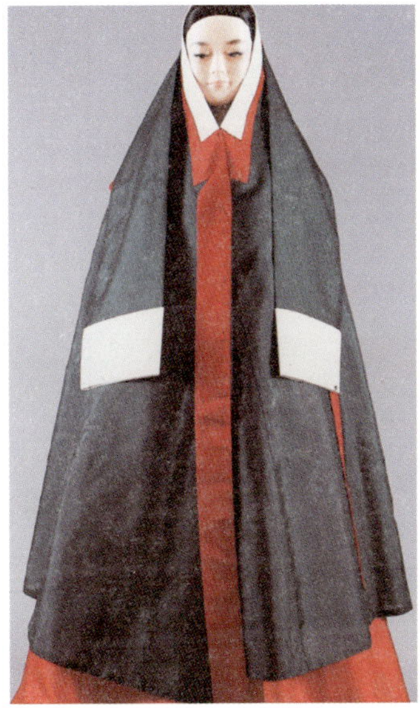

양반가 딸이
가마타고 다니며
한시 지어
이름을 날렸지만

당파의 거센 바람
친정집이 몰락해

가마 못 타
머리 위까지 올려 쓰고
수줍게 얼굴 가리던 옷

綠圓衫, Nok-wonsam

Princess's ceremonial robe allowed common bridal dress

녹색길에 가슴대대 금박 찍어
족두리에 도투락댕기 비녀에 말뚝댕기 드려
얼굴에 연지 곤지 바른 원의 공주가 입고 온 옷

녹원삼

공주 옹주의 옷
백년가약 맺는 혼례 날
서민에게 허락한 조선

친정에서 초례청
부끄러워 합환주 쏟던
새색시가 입고

백 명의 신부에게
빌려 주고 수의로
입고 가는 옷

周衣, Du-ru-magi

Man and woman's coat of slitless except side open pokets

고종 의제개혁으로 중의가 겉옷 되어
손 넣는 아귀만 트고 두루 막아
개화기 이후 가장 많이 입은 외출복

두루마기

아버지 오빠 두루막
친정 어머니께 배워
시댁 식구들 한 채씩

솜넣은 화포는 겨울
겹 무명은 봄 가을
홑 모시는 여름에
바느질 해 주고

친구가 빌려간 혼인 두루막
돌려줄 것을 편지로 쓰니
해 넘겨 오는 옷

腋注音 周衣, Ackjureum Du-ru-magi

Man and Woman's coat with only underarm gathered

큰무에 주름 잡아 사각 무에 붙인 액름 포에
두루마기 접목한 옷

액주름 두루마기

친정 어머니와
절에 다니다
시집와 제사상 차리고
살다 답답하면 점 보는
험악한 돌 산길 오르다

주님 만나
집에서 골방기도
교회서 통성기도

새롭게 만든 두루막 입고
마음 편히 가는 인생길

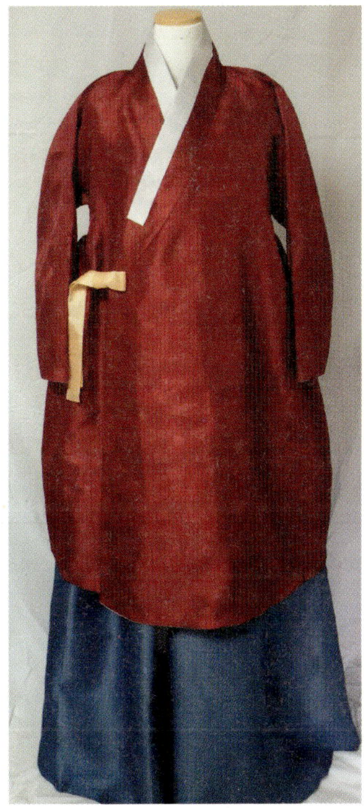

Min-jeo-go-ri

Woman's jacket with one color or fabric

깃 고름, 끝동에 다른 색 대면 반회장
한 가지 천이나 색상은 민저고리

민저고리

어려서 가장된 아버지
전쟁으로도 깨지지 않은
인식의 벽과 치유 받지 못한
친구의 말에 상처받아 갇혀있는
어릴 적 내 모습

민저고리 입고
혼인서약 지킨 어머니로
육체가 자라고

하늘에 계시다고 여겼던 주님
오셔서 아픔과 절망 만지시며
겪은 고난에 감사하라는 말씀에
영혼은 자유 함을 얻었다

半領, Ban-lyeong

Official's robe with a half round collar during Silla period

깃 살짝 둥굴린 관복 직선 통수 소매
흉배 없이 색상으로 신분 구별하는 신라 관복

반령

신라 관복 입은
서역 무인 석상

중국 비단길 보다
서역 바다길 열어
해상무역은 흥하였으나

계 수 금 라 금한
흥덕왕 복식 금제

외국 사치품
일용품 삼은
왕족과 귀족들이
신라를 쇠하게 했다

邪幅把持, Sa-pok-ba-ji

Man's traitionasl pants of folded in diagonal cloth width

사선으로 폭 기울여 중심에서 꼭지 점 연결
가마귀 머리 접어 앞 뒤 구별 큰사폭 오른쪽
작은사폭 왼쪽 발목에 대님 쳐입는 옷

사폭바지

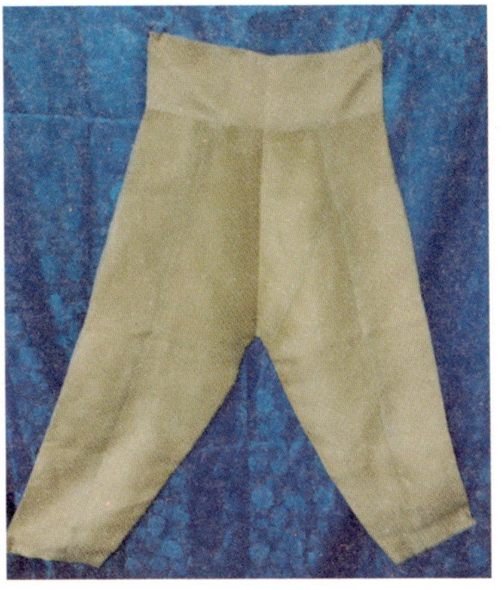

친정에서 베틀에 짜
가져온 천으로
만든 신랑 바지

노인우라 바지에
견줄 수 없는
장영실 천체
사폭 속으로 들어가

좁은 천으로 큰 바지
마름질해 낸 사폭

Nam-ja-jeo-go-ri

Man's traditional jacket

종이는 소리가 나 비단에 쓴 백서
가로32cm 세로60cm 저고리 속에 꿰매 중국관문 통과
200년 전 저고리 현재와 비슷

남자 저고리

먹으로 비단에 쓴 백서
저고리 속에 꿰매기 전
발각되어 능지처사 당한
젊은 선비 품속에 묻혔다

진사시 장원 정조와 독대
죽을 때까지 선비 손목에
백성 사랑하는 마음 만난
명주 감고 있었다

권력위협 느낀 기득권층
백서 거부한 조선 개방은
일본보다 백년이 늦었다

背子, Bae-ja

Man's traditional vest that separated side-line and front shorter than back worn over jacket

양쪽 비 대칭 우리 옷
배자는 깃만 있고 섶이 없는 대칭 옷

배자

뒤길 어깨에 연결된
짧은 앞길 쌍깃으로 꼬집어
뒤 고대에 천이어
깃 만들고

완전히 분리된 옆선
고리에 고름 끼워 품 조절

저고리위에 덧입어
등을 따뜻하게 감싸주는
자식같이 없으면
등이 시려운 옷

戰服 福巾, Jonbok Bok-kkeon

Man's sleeveless military uniform and headdress made of black cloth

전복은 전쟁 때 옆선 등솔선 터서
소매 없이 입은 군복
복건은 검정색 천으로 만든 쓰개

전복 복건

강화도에 들어온 이양선
불타는 배에서 선교사가
던진 책 주은 병사
진리인가 아닌가
믿어야 하나
말아야 하나

나대신 채찍과 찔림과
가시 면류관 쓰고 못 박혀
죽음에 감사하고 기뻐서

복된 수건 쓰고
마음의 평화 얻어
아들에게 입히는 옷

腰線天翼, Yo-seon-cheolrik

Man's coat with several pinched waist-line
worn shooting bow on horse

좁은 소매 저고리와 주름잡은 짧은 치마
요선에 붙여 입은 옷

요선철릭

말 타고 활 잘 쏘는
유목민 몽고 텔릭에서
고려 때 유입

이성계와 군사들이 입고
위화도 회군으로
조선 건국 고려 멸망
함께 하고

함흥차사 겪으며
변수 묘와 불 복장 유물
출토시기 이후
철릭으로 바뀐 옷

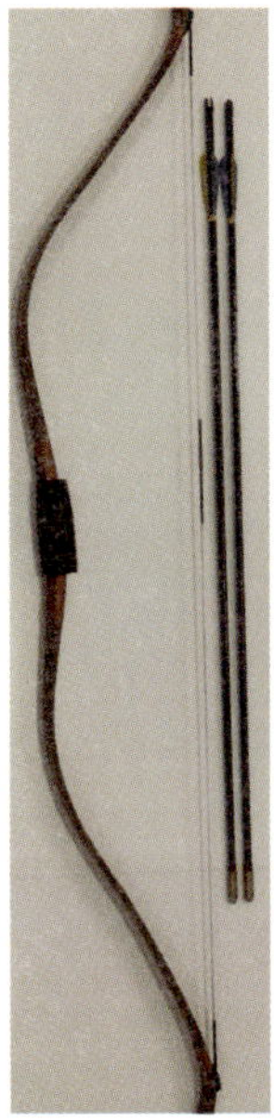

天翼, Cheolrik

Man's coat sewn a jacket on pleated skirt

저고리 소매 넓어지고 요선 사라져
치마주름과 길이 다양해진 옷

철릭

임진난 몽진 때
선조가 입어 융복
이순신이 입고
나라 구한 천익
안감 넣어 첨리

단까지 길게 잡은 주름
이중칼깃에 명주 간접고름
사람 꾸미는 옷 되자

많았던 출토유물 줄어
창의에 백성 사랑
빼앗긴 옷

氅衣, Chang-ui

Man's coat with side and back slits worn lighter than cheolrik

뒤 중심과 옆선 트임으로 활동성 주어
철릭보다 천 절약하는 옷

창의

이치에 맞는 복식관
가벼운 깃털처럼
트임 여러 곳에 주고

검정으로 가선 둘러
학자들이 입은 학창의
검소하고 담백한 대창의
서민은 좁고 짧은 소창의

백성 사랑 받아
출토유물 철릭보다 많아져
문인 자존심 세운 옷

道袍, Do-po

General term that refers to nobleman's coat

거가잡복고 박주수 삽화 척도 정형화되기 전
손가락으로 잡는 개인지척 사용하여 지은 유학자 일상복

도포

뒤길 홍두깨 무
가운데 트임 있어
전삼으로 속옷 가리고

말 타고 유람하며
넓게 등굴린 두리소매
전삼 자락 바람에 날리며
홍국영 눈 가리고

도포 입은 중국 승려
사치해진 조선 풍속
바로 잡으려
거가잡복고 가르친
연암도 입은 유학자 옷

深衣, Sim-ui

Confucian scholar's robe to wear at sacrifice

직령, 방령 당파따라 달리한 다양한 구성 학설 하늘에
제사 할 때 열두 치마폭 합쳐 저고리에 이어 깃과
치마도련과 수구 단 검정 가선 두른 옷

심의

가난한 시집 점심 굶어
그달 제사 1년 열 두번
상에 오른 희귀과일과 음식

땅과 하늘 우주이치와
철학 담았지만

살아 있는 사람보다
죽은 자를 제사하는 옷

褡護, Dab-ho

Man's coat with half sleeve or sleeveless

반소매 밑에 무 달아 꿰매지 않고 트임
앞길에 이은 큰섶, 작은섶 옆선까지 오게 하여
간접 고름으로 여미는 옷

답호

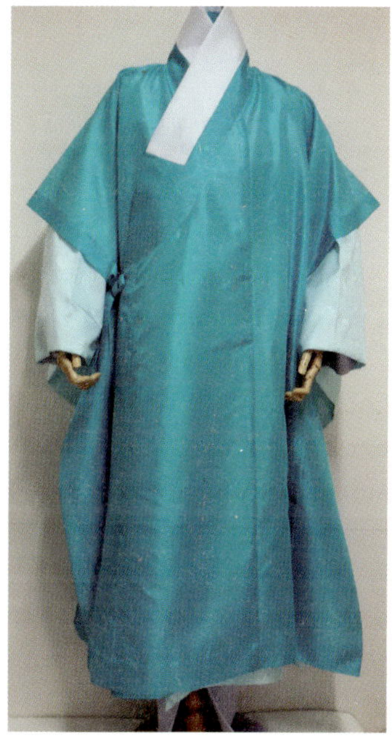

중국에서 들어온
포위에 입는 반소매 외출복

고려 지키려한 정몽주 옆선
조선 꿈꾸던 정도전 소매
이방원의 서슬 퍼런
칼날에 찢어져

목판, 칼, 당코, 둥근 깃
수많은 파란 겪으며
우리 옷으로 정착해
못다한 두 사람 생
이어간 옷

鶯衫, Aeng-sam

Yellow-green robe with a round collar reserved for the successful state exam

평평한 지구, 중국 왕기 중심 4방 구역은 거리 복
가까운 소수민족 내복 먼 이방인 외복, 땅과 하늘의 유의미한
관계는 천자사상과 천문 점성술 발달

앵삼

쓴맛 착색된 쑥색 옷
임금이 내린
화려한 어사화 쓰고
금의환향하는
고진감래 과거급제 복

중국 혼인정책
가까운 소수민족 옷부터
홑으로 여러 벌 입는

조선초 영향 받아
홑옷인 삼으로 입다
겉 옷과 받침 옷 합쳐
두 겹이 된 옷

團領, Dan-lyeong

Official's robe with a round collar worn in Palace and allowed common groom

반원으로 둥글린 깃 매듭단추로 걸고
길에 붙인 사다리꼴 무 옆선 트임 주어
뒷길에 고정시킨 옷

단령

홍색 용포 빼앗기고
짧은 생 마감한 단종 때

문관은 학 무관은 백호
흉배 문양 정해져
서민에게 허락한 하루

혼례 날 빌려 입은 관복
머리에 사모 허리에 관대
사모가 커 눈 가려
신부 얼굴 제대로 못 본
새 신랑이 입는 옷

黃龍袍, Hwang-nyongpo

Emperor Gojong worn every day uniform of golden yellow color

한족과 소수민족의 중원 차지하려는 갈등은
200년 왕조 넘기 힘들어 이등 체강으로
12장복과 황색 입지 못하게 하고
홍색 용포와 9장복 입은 조선은 외복단계
조선 500년 동안 명에서 청으로 바뀐 중국 왕조

황용포

광개토왕 기개로
고종이 입은 황제 용포

신라 몰락과 후백제왕 부모
귀의로 후삼국 통일한 고려
조선으로 이어진 왕조의 흥망

옷은 유사한 격사의 패턴과
정신과 문화 담는 그릇

굴종의 일제시대 독립 위한
백성의 눈물어린 기도로
다시 찾은 나라

麻古子, Magoja

Over-jacket both symmedical worn on a jeo-go-ri

대만 학자 학설
대칭옷 우리나라에서 수입 되었다는 역유입 주장
중국 56개 이상의 소수 민족과 우리와 다양한 교류

마고자

개화기 권력에서 밀려나
아관파천 볼모 된 대원군
청에서 입고 온 마괘자가
우리 옷으로 정착 되어

양쪽 대칭의 단조로움
화려한 단추로 멋 내고
저고리위에 조끼 마고자

중국 마지막 왕조 옷
대원군이 입고 와
마지막 왕조 된 조선

中袮莫, Jungchi-mak

Man's coat with wide sleeves, side slits and closed center back

크기와 형태가 다양하고 옆선에는 느임 뒤 중심이 막혀 있는 옷

중치막

나라 잃은 백성
창씨개명
신사참배 거절로
갖은 고문 받고

이념 갈등으로 자식 잃어
물과 성령세례 받아
분노와 증오의 옷 벗고
주님 사랑의 옷 입어
용서하고 받아들였지만

혼란한 세상
중심 잃지 않으려
뒷솔기 막아 입은 옷

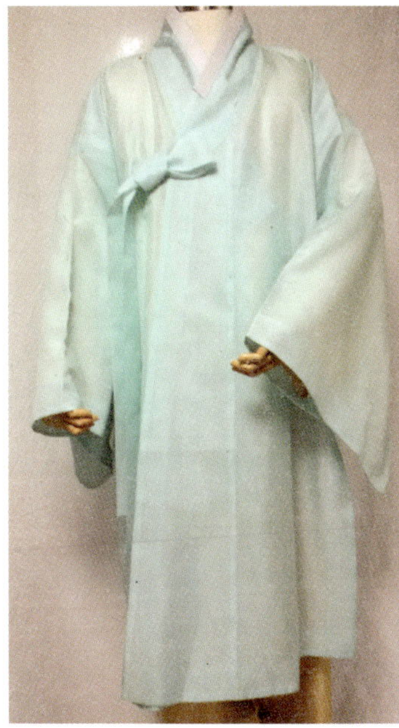

袴衣赤衫, Go-ui-jeok-sam

Summer jacket and pants made one fold of ramie

고구려 기마 수렵도 대구고
무용총 무희와 시녀 봉양도 궁고
양직공도 백제사신이 입은 청금고
화려한 신라복식 삼국 남녀 같이 입은 바지
겹 저고리 유, 홑 저고리 적삼

고의적삼

전쟁이 휩쓸고간
허허벌판에서

강한 날실같은 세상
부드러운 씨실 섞어
인생의 베틀 짜다

감당하기 힘들어
친정으로 돌아가면
자식들 고생

끝까지 인내하며
자식 위해 짜낸
모시로 만든 옷

03 천연염색

물들임

깨끗이 씻어 오염 제거해
정련한 순백색 천

수용성 염재 끓이고
과육은 생즙 내
불용성은 알칼리, 산성, 알콜에
미생물 발효로 색깨워
한번에 색 다 먹지 않아
말렸다 다시 먹인 천이
머금은 예쁘고 고운색

어머니 생각만 해도 눈물
하늘까지 감동시킨 주님 눈물로
정화한 세상 그피로 곱게 물들이셨네

鬱金, Ul-geum

Dence gold Cureuma longa L.

울금물 기저귀 가방

암, 당뇨, 치매 예방 금색
아이에게 필요한 것
건강하기 바라는
어머니 소망 담고

다원주의 물결 속에서
부모의 사랑과 훈육
스승이 주는 가르침
진리의 길 인도하신
주님 따르는 청지기 삶

성숙한 인간 되기 바라는
하나님 마음까지 담은
금보다 귀한 가방

五倍子, O-bae-ja

Gallnut Rhus javanica Linne

오배자물 미니드레스

붉나무에 기생하는 벌레집
알 붙은 곳에 탄닌이 모여
다섯배 불어나

물들이면 은회색, 회색
소목과 교염해 대홍색
견뢰도 좋아 후염제 사용

무화과처럼 꽃없이 열매 맺는
좋은 마음에 씨 뿌려 5배 불어
견뢰도 좋은 오배자 인생

명주에 오배자 문양염
물들여 만든 옷

藍, Jjok

Indigo Persicaria tinctoria H. Gross

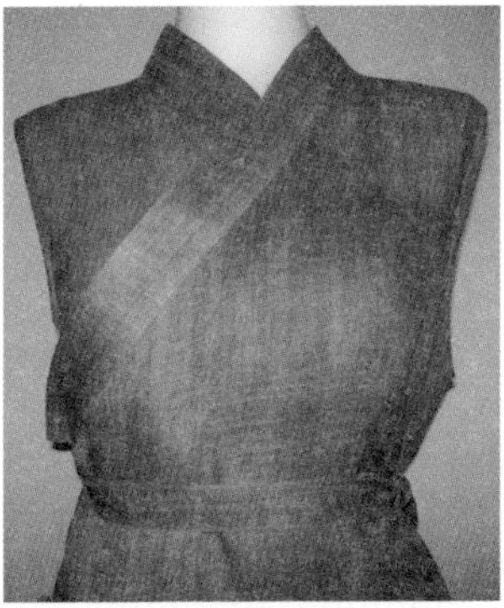

쪽물 원피스

독에 담근 쪽잎 건져낸 물에
조개와 굴껍질, 갑오징어뼈
잿물 넣어 여름 햇빛에 발효

배추색 돌때 천 담갔다 꺼내
공기중 산소에 발색하면
견뢰도 좋은 쪽빛이 물든다

삶과 죽음의 사선 주님과
함께 겪고 나면 겨자씨보다
작은 믿음이 생긴다

모시에 방충성 좋은 쪽 물들여
목판깃 달은 청출어람 옷

紅花, Hong-wha

Safflower Carthamus Tinctorious Linne

홍화물 조끼

이시에서 자주 팔고 사
화폐 대용인 잇꽃
물에 노란색 다 빼내고

붉은색 잿물에 우려 물들여
산에 다시 담근 삭은 무명이
토해낸 붉은색으로
명주 곱게 물들이는 개오기

삶 삭혀 사신 어머니
자신을 찢어 대속 제물되신
주님 몸에 두른 요의 한 장

명주에 홍화 물들여 천 한 장으로 만든 옷

紫草, Ja-cho

Puple leaf Lithospermum Erythrorhizon

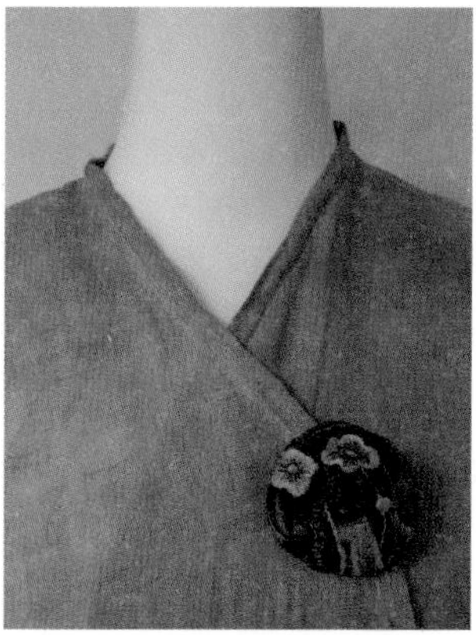

자초물 가디건

피와 오줌 맑게하는 지치
몸이 가벼워지고

물에 녹지 않아
알콜에 색 불러내
천에 물들이면 보라빛
매염제따라 변하는 색

시류에 따라 변하는
삶의 무게 주님께 쏟아내
가벼워진 짐

모시에 자초 물들여 만든 옷

三原色(赤, 黃, 靑), Sam-woen-saek

Three of red, yellow and blue primary colors

삼원색 옷

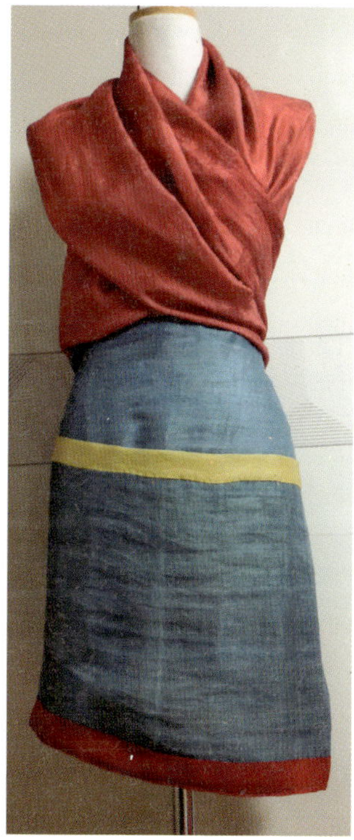

견뢰도 강한 괴화, 황백으로
쪽과 교염해 초록색
소목과 쪽 교염해 보라색
세가지 색 섞어 검은색

병들고 추한 마음
기도로 흘린 눈물
날마다 마음은 새로워진다

모시와 명주로 만든
삼원색 옷

黃土, Whang-to

Ocher

황토물 랩스커트

아토피성 피부에 좋은 황토
물들이면 모든 것 덮는
흙이 옷을 품는다

황토 물들이고 나면
다른 것 품을 수 없어
선수친 바느질

온유한 성품은 땅과 하늘
모두 품어 육의 허물 흙으로 덮고
영혼 살리신 주님

면에 황토 물들여
자락 분리시킨 옷

枾. Ddaeng-gam

Unripe fruit of Persimmon

Dioapyros Kaki Thumb

감물 레인 코트

햇빛 많이 받은 익은감보다
받고 싶은 기다림이 무거워
바람에 떨어진 파란땡감

과즙 물들여 말리면 탄닌이
햇빛받아 갈색 민무늬
이슬 맞혀 말리면 문양염

갈옷, 갓옷 다 주고싶어
자식 돌아오길 기다리다
애타게 타들어 간 주님마음

인견에 감 물들여
방수성 좋게 만든 옷

梔子, Chi-ja

Gardener fruit

Gardenia Jasminoides Ellis

치자물 드레스

노오란 치자열매 물에 우려내
전 부치고 장판지에 칠하고
치자떡 어혈든 곳에 바르고

변색 되지만 자식같은 치자
백반 매염 개나리색
철장액 매염 쑥색

변심 잘하고 의심많은 제자
주님 못자국 난 손 만져보고
인도에서 증인된 삶 산 도마

모시에 치자 물들여 꽃살문
장식하여 곱솔 바느질 한 옷

蘇木, So-mok

Joiner

Caesalpinia Sappan L.

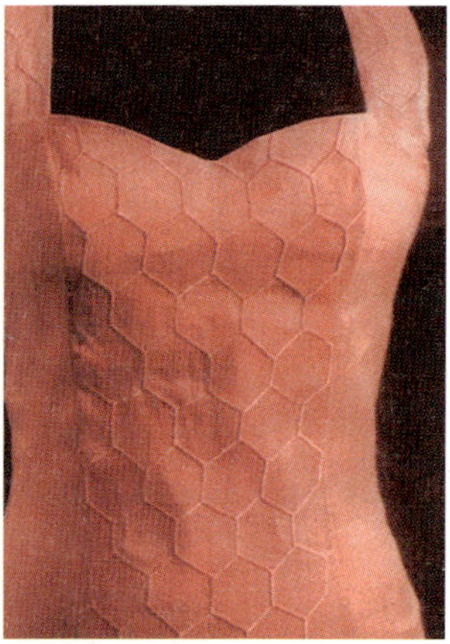

소목물 원피스

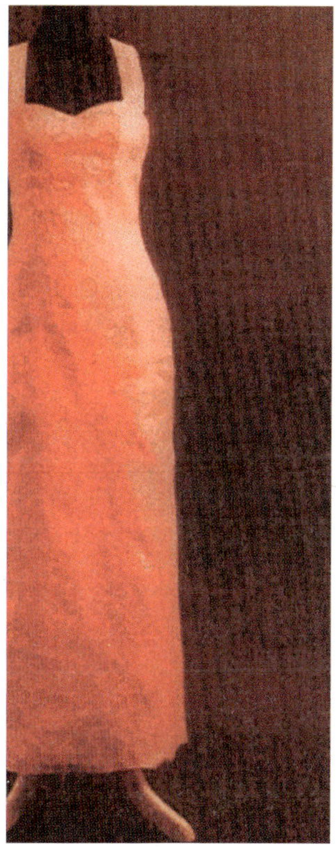

심소목 끓여 선매염 천
담그면 목홍 붉은색 물들고

철매염하면 장색
석회수에 담그면 산철쭉색
식초에 담그면 은행잎색

어두운 세상에
실망과 좌절과 불안과
허탄함 휩쓸리지 않으려
붙좇는 약속의 말씀

모시에 소목 물들여 귀갑살문
장식하여 곱솔 바느질한 옷

艾, Ssuk

Mugwort

Artemisia Princeps P.

쑥물 투피스

봄쑥 뜯어 국 끓이고
떡해 먹고 약쑥으로 뜸뜨고

쑥 끓인물 백반 넣어
천에 물들이면 쑥색
노란색과 물들이면 연두색

쓰디 쓴 인내는 남들이 경험
못한 것 보고 듣고 만지고
느끼고 향기 맡으며 견고히
걸어가는 소망의 오솔길

모시에 쑥물 들여 띠살문
장식하여 통솔 바느질한 옷

五味子, O-mi-ja

RSchisandra

hus Javanicape Linne

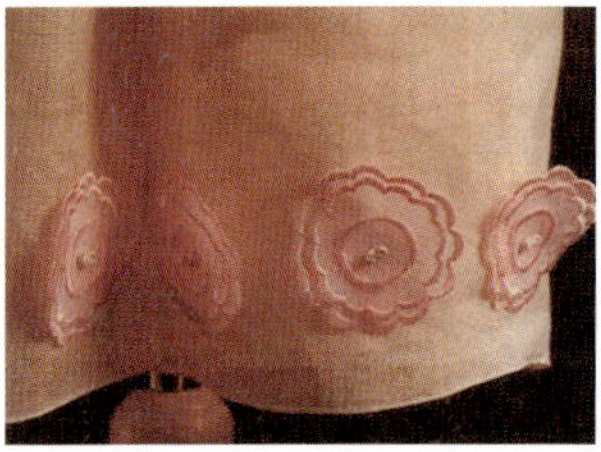

오미자물 조끼와 반바지

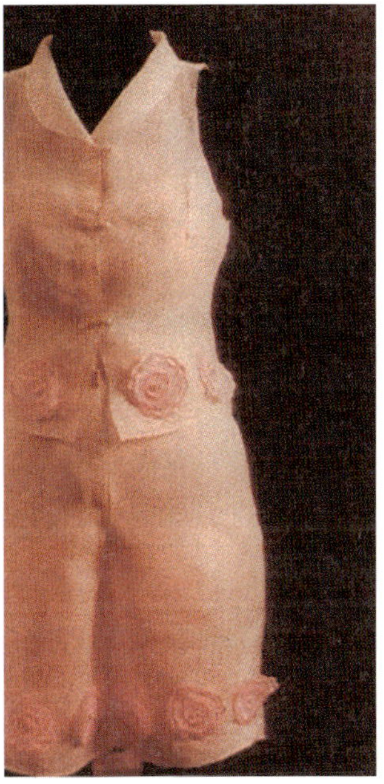

기관지에 좋은 오미자청

오미자 끓여 선매염 천
담그면 다섯가지 중
한가지 분홍만 물들어 분한
신부 어머니 저고리색

인생 다 겪고 끝까지
남아 있는 한가지
단맛은 주님 은혜

모시에 오미자 물들여
박쥐 매듭하여
곱솔 바느질한 옷

葡萄, Po-do

Grapes

포도물 투피스

알콜에 포도물 우려내 껍질
끓인물 천 담그면
오묘하게 깊고 붉은색

포도주에 양젖 넣어 물들이면
전쟁에서 몸을 지키는 갑옷

어둠 헤치고 떠오르는 해보다
석양 노을보다 붉게 세상
물들이는 죽음의 쓴잔 마신
주님사랑 우리 지키는 갑옷

모시에 포도 물들여 완자와
귀갑살문 장식하여 통솔 바느질한 옷

栗, Bam

Chestnut

Castanea Crenata S. et Z

밤물 블라우스와 바지

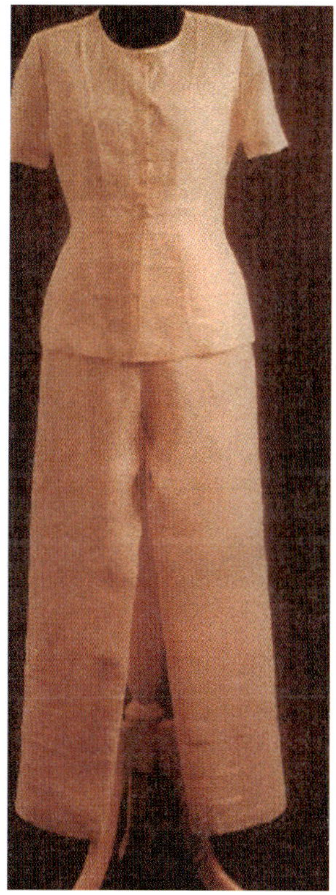

밤송이 까고 남은 율피
끓여내 물들이면 붉은 갈색
철 매염하면 청회색
밤송이 가시 안
숨었던 색이 보인다

어둠에 보이지 않던 것
빛 비치자 길게 드리워져
날마다 주님께 기도로
짧아지는 그림자

모시에 밤 물들여 완자살문
장식하여 통솔 박음질한 옷

墨, Muk(Black ink)

먹물 원피스와 조끼

벼루에 먹 갈아 백성 위한
유생이 쓴 상소문
남은 먹물 아까워
한번하여 말리고
수차례하면 진한 회색
고행하는 승복색

깊고 넓은 사랑은 바다를
먹물삼아 은선으로 하늘에
죄사함 쓴 탄원서

모시에 먹 물들여 원피스에
솟을살문 조끼 덧입은 옷

Pull-ggoch-mulre-ot

Gross, Flowers, Cloth of Spinning wheel.

풀꽃물레 옷

탐심과 거짓으로 엮어 가린
무화과잎 시들어 주신 가죽옷

세상에 취해 주님 버린 인생
본향 가신 발자국 따라
회심의 가죽옷 입고

마음에 말씀의 씨 뿌려
풀꽃은 염색재료 나무줄기 이어
물레돌려 만든 옷 입고 열매로
등불 밝혀 다시 오신다는
약속 믿고 주님 기다리네

모시에 꽃살문 장식하여 홑솔 바느질한 옷

감사의 글

2년 동안 쓴 글을 마무리 하면서 생각난 한 사람
200년동안 배를 만들었던 노아
우리모녀 인생을 합쳐도 200년이 안되는데
불가능해 보이던 일, 주님이 주신 지혜와 영감과
감동이 있었기에 가능한 일 이었으리

어머니와 가르침을 주신 선생님과 교수님들 도움과 격려해 주신 분들께 감사드리며 한복기능경기대회 준비하며 지도에 잘 따라준 제자들에게도 고마움을 전합니다

축적되고 다가오는 현재에서 답을 찾을수 없었던 시간과 장애물과 씨름하며 역대기와 요한 기자의 관점에서 주님마음을 찾음에 감사드립니다.

참고 실물 자료

1~16. 기초자수, 이정자, 대학 과제작, 1982
17. 가리개, 이정자, 고등학교 과제작. 1978
18. 우리 옷에 스민 미향, 이정자, 선과 색으로 만나는 한국이미지전 전시작, 아시아 민족조형문화연구소 한국학회, 2002
19. 배냇저고리, 임명수, 1956
20. 색동, 이정자, 1991
21. 풍차바지, 이정자 , 1992
22. 오방장, 지방기능경기대회 지도, 은상 학생작, 2011
23. 사규삼, 지방기능경기대회 지도, 학생작, 2005
24. 치마, 이정자, 2016
25. 속곳, 임명수, 1962
26. 무지기, 이정자, 2018
27. 행주치마, 임명수, 1976
28. 현대 삼회장저고리, 이정자, 2001
29. 모시적삼, 임명수, 1963
30. 개화기 당의, 이정자, 2000
31. 반비, 지방기능경기대회 지도, 장려상 학생작, 2012
32. 장옷, 전국기능경기대회 지도, 학생작, 2004
33. 개화기 원삼, 이정자, 1989
34. 두루마기, 지방기능경기대회 지도, 금상 학생작, 2015
35. 액주름 두루마기, 전국기능경기대회 지도, 학생작, 2011
36. 민저고리, 임명수, 약혼사진, 1954
37. 반령, 월드컵기념 2002 한국의상전 전시작, 이정자, 한복문화학회, 2002
38. 사폭바지, 지방기능경기대회 지도, 동상 학생작, 2013
39. 남자저고리, 지방기능경기대회 지도, 금상 학생작, 2013

40. 배자, 이정자, 한 · 중 전통복식 조형미 특별전 전시작, 아시아민족조형문화연구소 한국학회, 2002
41. 개화기 전복 복건, 이정자, 2001
42. 요선철릭, 전국기능경기대회 지도, 학생작, 2008
43. 철릭, 전국기능경기대회 지도, 학생작, 2006
44. 창의, 전국기능경기대회 지도, 학생작, 2012
45. 도포, 전국기능경기대회 지도, 학생작, 1995
46. 심의, 임명수, 1989
47. 답호, 전국기능경기대회 지도,.학생작, 2009
48. 앵삼, 전국기증경기대회 지도, 장려상 학생작, 2014
51. 마고자, 임명수, 1988
52. 중치막, 임명수, 1985
53. 고의적삼, 임명수, 1989
54. 물들임, 스카프염색, 임명수, 1989
55. 울금물 기저귀가방, 임명수, 1993
56. 오배자물 미니드레스, 이정자, 2016
57. 쪽물 원피스, 이정자, 2014
58. 홍화물 조끼, 이정자, 2000
59. 자초물 가디건, 이정자, 2004
60. 삼원색 옷, 이정자, 2016
61. 황토물 랩스커트, 이정자, 2003
62. 감물 레인코트, 이정자, 2014
63~70. 천연염색을 응용한 의상디자인 연구, 이정자, 성신여자대학원 석사학위 논문, 1997

*표지작품 – 국화와 매화, 이정자, 대학과제 작, 1983